UNIVERSITÉ **FACULTÉ DE DROIT.** ACADÉMIE

DE FRANCE, DE GRENOBLE.

✳ ✳

THÈSE

POUR LA LICENCE,

Qui sera soutenue le lundi 13 novembre 1843,

A deux heures du soir,

Par Théodore GRANDPERRET.

LYON,

IMPRIMERIE DE MARLE AÎNÉ, RUE SAINT-DOMINIQUE, 13.

—

1843.

A mon Pére, à ma Mère,

A mes Soeurs.

JUS ROMANUM.

DE IMPENSIS IN RES DOTALES FACTIS.

DIG., LIB. 25, TIT. I.

Mulierum dotes propugnaculis variis et multiformi favore à legislatoribus circumdatæ sunt. Et meritò quidem lex cavere voluit; nam publicè interest dotes mulieribus conservari, cùm dotatas esse fæminas ad sobolem procreandam, replendamque liberis civitatem, maximè sit necessarium.

Soluto matrimonio, solvi mulieri dos debet. Hìc nobis exponendum est quonam modo constituta fuerit illa dos, assignandaque sunt sive mulieris, sive mariti jura. Primo aspectu mirum videri potest quod agatur de mariti jure circà dotem mulieris, quæ ad eum non pertinet, quamque mulieri servandam lex tanto imperio jubet. Sed brevi possibile apparet jus istud, cogitanti maritum ad impensas propter dotem induci potuisse, et has, si legitimæ fuerint, impensas ipsi restituendas esse.

Quæ autem restituendæ sint impensæ, quæ non, dilucidare nobis munus incumbit.

Impensarum quædam sunt necessariæ, quædam utiles, quædam voluptuariæ.

Inter has triplicis generis impensas quid differentiæ stet, quid unumquodque genus constituat, primò dicendum videtur; posteà, quæ surgant jura mariti, proùt alterutrum impensarum genus fecerit, quærere tentabimus.

Necessariæ impensæ sunt, quæ in se necessitatem habent impendendi.

Inter eas prudentes aiunt esse, moles in mare vel flumen projectas, pistrinum vel horreum necessariò conditum, ædificium ruens, quod habere
mulieri utile erat, restitutum, oliveta refecta. Impensæ necessariæ pariter
reputantur, aggeres facere, flumen avertere, ædificia vetera fulcire aut
reficere, arbores curare aut novas in locum mortuarum reponere, vites
propagare, vel seminaria pro utilitate agri facere.

Utiles impensæ dicuntur quas maritus utiliter fecit, quibus rem uxoris,
hoc est dotem, meliorem præstiterit; veluti, ait Paulus, si novelletum in
fundo plantaverit aut si domo pistrinum seu tabernam adjecerit, si servos
docuerit.

Voluptuariæ autem impensæ sunt, quas maritus ad voluptatem fecit et
quæ species tantum exornant, ut si balnea extruxerit.

His dictis de singulis impensarum generibus quæ propter dotem confici
possunt, quærendum remanet quid indè sequetur, bene notatá et admissá
illarum naturá.

Necessarias impensas pro majori dotis commodo solum fieri haud dif-
ficile intelliget quisquis illas ad rem conservandam solitò fieri attendere
volet. Non tantum illas faciendi jure maritus potitur; imò vero facere debet; proindèque totidem dos minuenda videtur.

Quod dicitur necessariis impensis dotem minui, sic erit accipiendum,
veluti Pomponius ait, non ut ipsæ res corporaliter deminutionem patiantur,
utputà fundus, vel quodcumque aliud corpus; etenim absurdum foret deminutionem corporis admitti propter pecuniam. At eveniet fundum desi-
nere esse dotalem, vel partem ejus; manebit igitur maritus in rerum de-
tentione donec ei satisfiat. Non enim ipso jure corporum, sed dotis fit
deminutio.

Superiùs utiles impensas diximus, quas maritus utiliter fecit; quibusque
rem uxoris meliorem præstitit. Impensæ igitur necessariæ rem servant,
utiles autem meliorem faciunt; posteriores marito ut et priores restituendæ
sunt; nam quotiescumque pro majori mulieris commodo maritus agit,
benè de eá meretur, et detrimento nihil indè pati debet. Totum mulieri
impensæ fructum tribui, marito autem totum onus relinqui, prorsùs ini-
quum foret.

At voluptuarias impensas, quæ ad veram utilitatem non spectant, qui
fecit sufferre debet maritus. Ipsi tamen dotem reddenti, permittendum est

auferre ornatum quem posuit, nisi hunc, pretium solvendo, mulier habere malit.

Ex aliâ parte, si volente muliere voluptuariæ factæ fuerint impensæ, illas ea sola suffere debet.

Ex supra dictis, finem faciendo quæremus uter, maritusne an mulier, impensas sufferre debeat, si, ob quamlibet causam, nullum pepererint commodum. Illud quæremus in duplici casu :

1° Cùm impensæ fuerint necessariæ.

2° Cùm impensæ fuerint utiles.

Respondebimus : Sufferre debet in primo casu mulier ; in secundo maritus.

DROIT FRANÇAIS.

CODE CIVIL : DES PRIVILÉGES ET HYPOTHÈQUES EN GÉNÉRAL,

ET SPÉCIALEMENT DES PRIVILÉGES SUR LES MEUBLES. — ART. 2092-2102.

Des priviléges et hypothèques en général.

Le Code Civil avant de définir le privilége et l'hypothèque et de tracer les règles qui leur sont relatives, a posé ce grand principe qui domine toute la matière : Quiconque s'est obligé personnellement est tenu de remplir son engagement sur tous ses biens mobiliers et immobiliers, présents et à venir. (Art. 2092.)

Cet article contient cette maxime du droit naturel , *qui s'oblige, oblige le sien*, et de plus , contrairement aux législations ou du moins aux mœurs des peuples barbares et des époques aristocratiques , il établit la liberté de l'homme et le respect pour sa personne.

Les principes que le Code Civil a tracés dans la matière qui nous occupe sont , en général , très-différents de ceux du droit romain. Nous ne pouvons ici , dans ce travail de petites proportions , faire la comparaison des deux législations , ce qui serait d'ailleurs bien au-dessus de nos forces, et nous devons nous contenter d'exposer les principales règles du droit français.

Le privilége est un droit que la qualité de la créance donne à un créancier d'être préféré aux autres créanciers , même hypothécaires. (Art. 2095.)

Le privilége est *réel*. Il prime l'hypothèque, parce qu'il réunit la double prérogative d'être imprimé sur la chose comme l'hypothèque et, de plus, de puiser dans sa cause originelle une faveur qui manque à ce dernier droit. Le privilége ne se stipule pas, il est inhérent à la créance dont la cause mérite une faveur spéciale.

L'hypothèque est un droit réel sur les immeubles affectés à l'acquittement d'une obligation. (Art. 2114.) L'hypothèque résulte, non plus de la qualité de la créance, mais d'une disposition de la loi ou de précautions prises par les créanciers. L'hypothèque ne peut exister que sur des immeubles ; le privilége, au contraire, peut exister même sur des meubles.

Les priviléges se divisent en généraux ou spéciaux.

Des priviléges généraux sur les meubles.

Les priviléges généraux sur les meubles sont ceux qui sont imprimés sur la généralité des meubles. Les créances auxquelles ces priviléges ont été accordés, sont : 1° les frais de justice ; 2° les frais funéraires ; 3° les frais quelconques de la dernière maladie concurremment entre ceux à qui ils sont dus ; 4° les salaires des gens de service pour l'année échue et ce qui est dû sur l'année courante ; 5° les fournitures de subsistances faites au débiteur et à sa famille, savoir, pendant les six derniers mois par les marchands en détail, tels que les boulangers, bouchers et autres, et pendant la dernière année, par les maîtres de pension et marchands en gros.

Reprenons cette énumération en nous attachant à déterminer la nature, l'étendue et la cause de chacun de ces priviléges.

Par frais de justice il ne faut entendre que ceux qui ont profité aux créanciers ayant des droits sur le gage.

Les frais funéraires sont précédés par les frais de justice ; la nécessité le voulait ainsi, dit M. Troplong, car si celui qui a avancé les frais de sépulture veut être payé sur les meubles du défunt, il est obligé de faire les frais de justice pour les faire vendre. On ne comprend dans les frais funéraires que ceux qui sont nécessaires pour la sépulture, comme ceux faits pour le sarcophage, la garde du corps, la disposition du lieu d'inhumation, le transport du corps.

Les frais de dernière maladie sont ceux qui ont été faits pendant la maladie dont le défunt est mort ; on n'accorde pas ce privilége aux frais faits pour une maladie qui n'a pas causé la mort, parce qu'ici le créancier faisant crédit au débiteur , suit sa foi.

Le privilége des gens de service établi par le Code Civil est la réalisation d'un vœu formé par Pothier. On entend par gens de service,tous les employés payés tant par année ; ainsi les journaliers n'ont droit qu'au privilége des ouvriers énoncé dans l'article 2271 du Code Civil.

Le privilége des fournitures de subsistances ne comprend que ce qui est nécessaire pour la subsistance du débiteur et de sa famille. Le maître de pension ne peut réclamer par privilége que le prix de la pension et nullement le prix de fournitures telles que papiers , livres , etc.; les priviléges doivent être plutôt restreints qu'étendus.

Il y a encore quelques autres priviléges généraux sur les meubles ; ce sont ceux dont parle l'article 2099. Mais comme nous ne voulons nous en occuper que pour savoir quelle place ils doivent prendre parmi les priviléges , nous les indiquerons quand nous traiterons de l'ordre des priviléges.

Des priviléges sur certains meubles.

Les priviléges sur certains meubles sont ceux qui affectent spécialement certains objets mobiliers et qui ne s'étendent point à la généralité des meubles.

Les créances privilégiées sur certains meubles , sont : 1° les loyers et fermages des immeubles sur les fruits de la récolte de l'année et sur le prix de tout ce qui garnit la maison louée ou la ferme et de tout ce qui sert à l'exploitation de la ferme, savoir : pour tout ce qui est échu , et pour tout ce qui est à échoir, si les baux sont authentiques ou si, étant sous signature privée, ils ont une date certaine ; et dans ces deux cas les autres créanciers ont le droit de relouer la maison ou la ferme pour le restant du bail et de faire leur profit des baux et fermages , à la charge , toutefois , de payer au propriétaire tout ce qui lui serait encore dû ; et , à défaut de baux authentiques, ou lorsqu'étant sous signature privée , ils n'ont pas une date certaine, pour une année à partir de l'expiration de l'année courante. Le même privilége a lieu pour les réparations locatives et pour tout ce qui concerne l'exécution du bail ; néanmoins les sommes dues pour les semences ou pour les frais de la récolte de l'année , sont payées sur le prix de la récolte , et celles dues pour ustensiles sur le prix de ces ustensiles , par préférence au propriétaire ; dans l'un et l'autre cas , le propriétaire peut saisir les meubles qui garnissaient sa maison ou sa ferme lorsqu'ils ont été déplacés sans son consentement et il conserve sur eux son privilége, pourvu qu'il ait fait la revendication, savoir , lorsqu'il s'agit du mobilier qui garnissait une ferme dans le délai de quarante jours , et dans celui de quinzaine , s'il s'agit des meubles garnissant une maison ;

2° la créance sur le gage dont le créancier est saisi ;

3° les frais faits pour la conservation de la chose ;

4° le prix d'effets mobiliers non payés , s'ils sont encore en la possession du débiteur , soit qu'il ait acheté à terme ou sans terme ; si la vente a été faite sans terme, le vendeur peut même revendiquer les effets tant qu'ils sont en la possession de l'acheteur et en empêcher la revente , pourvu que la revendication soit faite dans la huitaine de la livraison et que les effets se trouvent dans le même état dans lequel cette livraison a été faite ; le privilége du vendeur ne s'exerce , toutefois , qu'après celui du propriétaire de la maison ou de la ferme , à moins qu'il ne soit prouvé que le propriétaire avait connaissance que les meubles et autres objets garnissant sa maison ou sa ferme, n'appartenaient pas au locataire ; il n'est rien innové aux lois et usages du commerce sur la revendication ;

5° les fournitures d'un aubergiste, sur les effets du voyageur qui ont été transportés dans son auberge ;

6° les frais de voiture et les dépenses accessoires , sur la chose voiturée ;

7° les créances résultant d'abus et prévarications commis par les fonctionnaires publics dans l'exercice de leurs fonctions , sur les fonds de leur cautionnement et sur les intérêts qui en peuvent être dus.

Telle est l'énumération de l'article 2102 du Code Civil , et nous avons maintenant à revenir sur chacun de ces priviléges pour en déterminer la nature et l'étendue.

Le privilége du locataire s'étend sur tout ce qui garnit la maison louée. Ainsi, les animaux destinés au service de la ferme , les marchandises qui remplissent un magasin , les livres formant une bibliothèque , le linge de corps , les habits et vêtements sont soumis au privilége du propriétaire.

Si le locataire sous-loue , il aura les mêmes droits que le propriétaire.

Le privilége de celui-ci est fondé sur l'occupation des meubles. Le privilége n'est pas attaché à la personne du propriétaire, il dérive du droit de gage.

Lorsqu'il n'y a qu'un bail verbal, le propriétaire a privilége pour les années échues, l'année présente et une année à partir de la présente. La cour de cassation l'a jugé ainsi en se fondant sur les articles 661 et 662 du Code de procédure, et surtout sur l'article 810 du même code, qui permet au locateur de faire saisir-gager les meubles garnissant la maison pour tous les loyers et fermages échus, soit qu'il y ait bail, soit qu'il n'y en ait pas.

Le privilége sur les fruits de l'année n'est pas fondé seulement sur l'occupation, mais il repose encore sur le droit de propriété. Ce privilége s'étend aussi bien sur les fruits de l'année récoltés que sur les fruits pendants. Quant aux fruits des années précédentes, le propriétaire peut les saisir comme objets mobiliers garnissant la ferme. Mais pour que ceux-ci puissent être saisis, il ne faut pas qu'il y ait déplacement; tandis que pour les fruits de l'année, le déplacement n'empêche pas l'exercice du droit du propriétaire, pourvu que les fruits soient en la possession civile du fermier.

La loi établit ici une exception à cette règle, *que les meubles n'ont pas de suite*, en permettant au propriétaire de les revendiquer lorsqu'ils ont été déplacés sans son consentement.

Il faut remarquer que ce consentement peut être tacite; comme, par exemple, lorsque les meubles ont été transportés publiquement, aux yeux du propriétaire, sans qu'il s'y soit opposé, ou bien lorsqu'il a loué une maison qui doit être garnie d'objets destinés à être vendus.

La revendication que le propriétaire a sur les meubles déplacés, s'étend aussi aux meubles vendus à un tiers. Les fruits peuvent être revendiqués lorsqu'ils ont été déplacés, mais non lorsqu'ils ont été vendus; parce qu'ils sont considérés comme destinés à la vente, et dès-lors il y a consentement tacite du propriétaire.

Le privilége du créancier gagiste ressort naturellement du contrat de gage, puisque c'est précisément pour assurer une préférence à ce créancier sur d'autres, qu'une chose lui a été donnée avec cette clause qu'il ne serait obligé de s'en dessaisir que lorsqu'il serait entièrement payé. C'est ce qu'établit l'article 2073 du Code Civil; le gage confère au créancier le droit de se faire payer sur la chose qui en est l'objet par privilége et préférence aux autres créanciers.

Les frais faits pour la conservation de la chose donnent droit à un privilége, mais ce privilége n'est accordé que pour les dépenses nécessaires, indispensables. On doit également regarder comme privilégiés les frais faits pour la création de l'espèce, car la création doit être placée au moins sur je même rang que la conservation de la chose. C'est ainsi qu'un tisserand a un privilége pour ses frais sur la pièce de toile qu'il a fabriquée avec le fil qui lui a été fourni.

Le vendeur est privilégié pour le prix d'effets mobiliers non payés s'ils sont encore en la possession du débiteur, soit qu'il ait acheté *à terme ou sans terme*. Ces derniers mots, qui sont placés dans l'article 2102 du Code Civil, modifient la règle du droit romain qui voulait que, lorsqu'il y avait un terme, le vendeur fut censé avoir voulu suivre la foi de l'acheteur, et qu'il ne pût exercer qu'une action personnelle. Pour que ce privilége existe au profit du créancier, il faut que l'objet mobilier soit en la possession du débiteur. Ainsi le privilége s'exercerait sur une chose vendue par le débiteur, mais non livrée; il ne s'exercerait pas sur une chose donnée en gage.

Le privilége du vendeur s'étend aux meubles incorporels.

Le vendeur a, outre ce privilége, un droit de revendication dont le résultat est de le faire réintégrer dans la propriété de la chose vendue par lui et non payée. Il faut, pour exercer ce droit, que la vente ait été faite sans terme, que la chose vendue soit en la possession de l'acheteur, qu'elle existe en nature, que la revendication soit exercée dans le délai de la huitaine de la livraison.

Un vendeur n'est point payé par cela seul que son paiement est cautionné. Il n'est pas payé non plus par la dation de billets; la condition de l'encaissement à l'échéance est sous-entendue. Cependant la dation de billets empêche la revendication, car il y a alors vente avec terme de paiement; le vendeur suit la fin du débiteur.

Le Code annonce qu'il n'est rien innové aux lois et usages du commerce qui n'admettent ni le privilége, ni la revendication, à moins pourtant que les objets achetés ne doivent pas entrer dans le commerce comme, par exemple, les meubles meublants.

L'aubergiste, obligé de recevoir tous ceux qui se présentent sans les connaître et qui leur fournit des aliments, a un privilége pour ses fournitures sur les effets du voyageur qui ont été transportés dans son auberge. Notre article ne s'applique pas aux fournitures de l'aubergiste faites aux habitants du lieu. Quant aux effets apportés par le voyageur, l'aubergiste ne peut s'assurer s'ils sont ou non à celui qui les présente et, quoi qu'il en soit de ce point, il peut exercer son privilége ; l'aubergiste peut même prétendre ce privilége pour les dépenses antérieures au transport des effets chez lui, pourvu que le séjour ait été non interrompu ; une fois les effets sortis de l'auberge, il n'y a plus de privilége.

Les frais de voiture et les dépenses accessoires sont privilégiées sur la chose voiturée. Ici, le nantissement n'est plus nécessaire comme dans le cas précédent. On ne peut pas forcer le voiturier à exiger son paiement en livrant la marchandise. Les circonstances, dit M. Pardessus, demandent quelques délais, et la nécessité des vérifications ne permet pas qu'on le paie à l'instant. D'autre part, comme le remarque M. Troplong, en cas de dessaisissement du voiturier, on ne tombe pas dans d'aussi grands embarras que lorsque l'aubergiste s'est dessaisi, car la lettre de voiture est là pour constater le nombre et la qualité des effets.

Les créances résultant d'abus et prévarications commis par les fonctionnaires publics dans l'exercice de leurs fonctions sont privilégiées sur les fonds de leur cautionnement et sur les intérêts qui peuvent en être dus. Il faut distinguer entre les cautionnements des comptables et ceux des officiers publics, tels que greffiers, notaires, avoués, etc. Le gouvernement qui a toujours un privilége sur les cautionnements fournis par les comptables, n'en a sur ceux des officiers publics dont nous venons de parler, qu'autant qu'il s'est servi, comme partie privée, de leur ministère.

De l'ordre des priviléges.

Nous avons dit que le privilége résulte de la qualité de la créance. Il résulte de là que les créances privilégiées doivent être classées selon le plus ou moins de faveur qu'elles méritent.

Il peut y avoir concours 1° entre les priviléges généraux sur les meubles entre eux ; 2° entre les priviléges sur certains meubles entre eux ; 3° entre les priviléges généraux et les priviléges spéciaux sur les meubles ; 4° entre les priviléges généraux sur les immeubles entre eux ; 5° entre les priviléges généraux sur les immeubles et les priviléges spéciaux sur les immeubles.

Nous n'avons à nous occuper ici que des trois premiers cas que nous venons d'énumérer.

L'ordre des priviléges généraux sur les meubles est tracé par l'article 101. Quant aux priviléges du trésor, l'article 2098 rappelle qu'ils sont réglés par les lois qui les concernent. C'est en consultant ces lois que M. Troplong établit l'ordre suivant : 1° frais de justice; 2° frais pour contributions personnelle, mobilière, portes et fenêtres et patentes, droits de timbre et amendes de contraventions à ce relatives (lois du 12 novembre 1808 et du 28 avril 1816); 3° droit de contributions indirectes (loi du 1er germinal an 13); 4° frais funéraires ; 5° frais de dernière maladie ; 6° salaire des gens de service ; 7° fourniture de subsistance ; 8° privilége de la douane (loi du 22 août 1791 , du 4 germinal an 2 , confirmée par des lois de finance de 1814 et 1826) ; 9° priviléges du trésor pour frais de poursuite criminelle sur les meubles des comptables et privilége du trésor de la couronne (loi du 5 septembre 1807).

L'ordre des priviléges spéciaux est aussi embarrassant à établir que celui des priviléges généraux est simple à déterminer ; et, en présence des difficultés célèbres que renferme cette matière, nous ne pouvons qu'adopter et analyser l'un des systèmes tracés par ceux de nos auteurs dont les opinions ont de l'autorité.

Nous trouvons dans M. Troplong des principes qui nous paraissent pouvoir régir convenablement cette matière.

Ce jurisconsulte pense qu'on ne peut pas faire un classement par rang des priviléges spéciaux. Il en donne pour raison que la faveur de la cause changeant avec les diverses combinaisons d'intérêts, un privilége qui en prime un autre sera, dans certains cas, primé à son tour par celui qui lui était inférieur.

De là, il résulte pour M. Troplong que la seule méthode à suivre pour éclairer les difficultés du classement est de grouper les priviléges sur chacune des choses qui peuvent en être grevées ; partant de ce principe que c'est la faveur de la cause qui donne le rang aux priviléges, il recherche de quelles sources cette faveur peut découler et en reconnait trois principales, qui sont :

La gestion d'affaires dans l'intérêt des créanciers ;

La possession ;

La propriété.

Le créancier dont les actes ont procuré l'intérêt commun de tous les créanciers, doit être préféré à ceux qui n'ont que des créances dont la faveur est purement individuelle.

Après cette cause de privilége, vient la possession qui a toujours eu dans le droit de hautes prérogatives et qui a la prédominance sur la propriété dépouillée de la possession.

Enfin, en troisième ligne vient la propriété.

C'est par ces trois causes ainsi appréciées qu'on peut déterminer convenablement la place des priviléges lorsqu'il y a connexion entre eux. Cherchons un exemple pour appliquer ces principes. Paul achète un piano à Paris chez un facteur ; l'instrument non payé est remis à un voiturier pour être transporté à Lyon ; Paul accompagne la voiture. A Dijon, l'instrument a besoin d'une réparation urgente ; un ouvrier est appelé et il restaure le piano. Pendant le séjour nécessité pour cette réparation, Paul fait des dépenses dans une auberge.

On voit ici se présenter le vendeur, le voiturier, l'ouvrier, l'aubergiste. Quel ordre faut-il leur assigner ? En appliquant les principes exposés plus haut, on placera les créanciers de la manière suivante :

1° L'ouvrier ;

2° L'aubergiste ;

3° Le voiturier ;

4° Le vendeur.

L'ouvrier a procuré l'intérêt de tous (gestion d'affaires) ; l'aubergiste a procuré l'intérêt du voiturier et du vendeur en mettant Paul à même de faire faire des réparations, de plus il est nanti (gestion d'affaires et possession) ; le voiturier n'est pas complètement dessaisi (possession) ; et enfin en dernière ligne vient le vendeur (propriété). Nous n'avons pas besoin de dire qu'avant tous ces priviléges passe celui des frais de justice.

Après avoir indiqué l'ordre des priviléges généraux entre eux et celui des priviléges spéciaux entre eux, il nous reste à chercher quelle est de ces deux catégories celle qui doit en général primer l'autre.

Cette matière, très controversée, semble pourtant présenter moins de difficultés que celle du classement des priviléges spéciaux.

Ici, nous adoptons complètement l'opinion des auteurs qui pensent que les priviléges spéciaux doivent avoir la prééminence sur les priviléges généraux.

Nous croyons que les auteurs qui soutiennent que les priviléges généraux doivent avoir la préférence considèrent trop exclusivement les priviléges en général sous le rapport de la faveur de la cause ; ils raisonnent ainsi : La loi a jugé les priviléges généraux dignes d'une faveur telle qu'ils affectent la généralité des meubles et même des immeubles ; cette faveur tient à ce que les priviléges reposent sur des services rendus à l'homme. D'abord, on pourrait bien se demander si la faveur des priviléges généraux est toujours plus grande que celle des priviléges spéciaux ; si, par exemple, celui qui fournit une demeure à l'homme, ne fait pas au moins autant pour lui que celui qui lui fournit ses services. Mais, ce n'est point sous ce point de vue que nous voulons envisager la question, et nous nous bornons à considérer les priviléges sous le rapport des droits et des garanties qu'ils donnent à ceux à qui la loi les accorde. Le privilége spécial ne porte jamais que sur des objets mobiliers peu nombreux, souvent même sur un seul ; tandis que le privilége général affecte tous les meubles et tous les immeubles. Ceux-ci sont donc aussi étendus que les autres le sont peu ; et nous trouvons dans l'exiguité des droits du créancier spécial une raison déterminante de lui donner la préférence sur le créancier général.

Toutefois, nous n'entendons point dire que les priviléges spéciaux doivent primer les priviléges généraux pour frais de justice et frais funéraires. Nous reconnaissons avec presque tous les auteurs que ces priviléges doivent dans tous les cas passer en première ligne.

CODE D'INSTRUCTION CRIMINELLE.

DES DÉBATS QUI SUIVENT L'EXAMEN DEVANT LA COUR D'ASSISES.

(ART. 334-350 ET 352.)

L'examen terminé, le président détermine celui des accusés qui devra être soumis le premier aux débats, en commençant par le principal accusé, s'il y en a un. Il se fait ensuite un débat particulier sur chacun des autres accusés (art. 334, Instr. crim.). L'article suivant du même code, établit les dispositions suivantes : « A la suite des dépositions des témoins et des dires respectifs auxquels elles auront donné lieu, la partie civile ou son conseil et le procureur général seront entendus et développeront les moyens qui appuient l'accusation. L'accusé et son conseil pourront leur répondre. La réplique sera permise à la partie civile et au procureur général ; mais l'accusé ou son conseil auront toujours la parole les derniers. Le président déclarera ensuite que les débats sont terminés. »

L'accusation ni la défense ne doivent point être gênées dans le développement de leurs moyens ; mais il y a cette grande différence entre elles que la première doit faire ressortir également les faits à charge et ceux à décharge, tandis que la seconde ne doit mettre en lumière que ce qui peut servir à disculper l'accusé.

Lorsque le procureur général et l'accusé ont déclaré n'avoir plus rien à dire et que le président a clos les débats, la parole ne peut plus être accordée à personne ; le président n'en a plus la faculté; son pouvoir discrétionnaire cesse à l'instant, car la loi ne le lui confère que pendant la durée des débats.

Après les plaidoiries et après avoir déclaré que les débats sont clos, le président résume l'affaire ; il fait remarquer aux jurés les principales preuves pour ou contre l'accusé ; il leur rappelle les fonctions qu'ils auront à remplir et pose les questions qu'ils devront résoudre (336).

La loi , qui veut que le procureur général fasse ressortir les faits à décharge aussi bien que les faits à charge, et que le président dans son résumé et les juges pendant les débats ne laissent point apercevoir leurs opinions personnelles, ne saurait être exécutée avec trop de scrupule; si , au lieu de trois juges impénétrables dans leurs impressions et d'un procureur général cherchant la vérité sans préoccupation du succès ou de l'insuccès de son réquisitoire , on voit quatre accusateurs poursuivant l'accusé avec amertume et mépris, quelle que soit la légitimité de ces sentiments , leur manifestation exercera sur l'esprit des jurés une influence contraire aux intérêts de l'accusé , et c'est ce que la loi ne veut pas.

La question résultant de l'acte d'accusation sera posée en ces termes : L'accusé est-il coupable d'avoir commis tel meurtre , tel vol , ou tel autre crime , avec toutes les circonstances comprises dans le résumé de l'acte d'accusation (art. 327).

Le jury doit être interrogé sur tous les points de fait , mais il ne doit l'être que sur le fait ; des questions abstraites ne pourraient point être posées.

L'application du droit au fait est entièrement remise à la Cour d'Assises. La moralité de l'action se confond toujours avec le fait en lui-même ; le jury n'est appelé à prononcer sur cette moralité que lorsque l'accusé était âgé de moins de seize ans lorsqu'il a commis le crime qui lui est imputé.

On ne demandera donc point aux jurés si l'accusé a agi avec l'intention du crime ; s'il est excusable ; mais bien s'il est coupable du crime qui lui est imputé ; si le fait qu'il propose pour excuse est constant.

Quant à la délibération du jury, la première question sur laquelle son chef doit fixer l'attention des jurés est celle de savoir si le fait est constant. Dans le cas de l'affirmative , le jury doit passer à la question de savoir si l'accusé s'en est rendu coupable. Ce n'est que lorsque les jurés se sont réunis en majorité pour l'affirmative, sur ces deux questions qui emportent de droit la déclaration de culpabilité de l'accusé, que le jury doit se livrer à l'examen des circonstances mentionnées dans l'acte d'accusation, pour faire une déclaration sur le tout dans la même forme que la demande lui a été

S'il résulte des débats une ou plusieurs circonstances aggravantes, non mentionnées dans l'acte d'accusation, le président ajoutera la question suivante : l'accusé a-t-il commis le crime avec telle ou telle circonstance? (Art. 338, *Inst. crim.*)

Il faut ici faire deux observations importantes : 1° Ce n'est que des circonstances aggravantes du crime qui a fait la matière de la mise en accusation du prévenu, qu'il peut être posé des questions au jury, et non pas de celles qui se rattacheraient à des faits étrangers à ce crime ; 2° ce serait un crime indépendant, dans le sens de la loi, lors même qu'il se trouverait mentionné dans l'acte d'accusation, si ce n'était pas à raison de ce fait que le prévenu aurait été mis en accusation.

Lorsque l'accusé, dit le Code d'instruction criminelle, aura proposé pour excuse un fait admis comme tel par la loi, la question sera ainsi posée : Tel fait est-il constant?

L'article 341 du même code charge le président d'avertir le jury que s'il pense à la majorité qu'il existe, en faveur d'un ou de plusieurs accusés reconnus coupables, des circonstances atténuantes, il devra en faire la déclaration. Si le jury n'admet pas de circonstances atténuantes il ne fera aucune déclaration sur ce point. Le président, après avoir posé les questions, les remettra au chef du jury, ainsi que l'acte d'accusation, les procès-verbaux qui constatent le délit, et les pièces du procès autres que les déclarations écrites des témoins. Il avertira également les jurés que si l'accusé est déclaré coupable du fait principal à la simple majorité, ils doivent en faire mention en tête de leur déclaration. La remise doit être faite à l'audience et en présence de l'accusé. Les plaintes et les dénonciations ne peuvent être mises au rang des dépositions ; elles font partie des pièces du procès. Les procès-verbaux des gens de l'art ne doivent pas non plus être rangés au nombre des dépositions, lors même que ceux qui les auraient rédigés auraient comparu aux débats pour donner des explications.

Il faut entendre par fait principal celui de savoir si l'accusé est coupable du fait qui lui est imputé, en écartant de ce fait toutes les circonstances plus ou moins aggravantes. Ce fait principal est le fait punissable ; toutes les circonstances qui s'y rattachent, quelque graves qu'elles puissent être, ne peuvent jamais constituer le fait principal.

L'article 342 déclare que le chef du jury sera le premier des jurés sorti par le sort, ou celui qui sera désigné par eux. Le même article contient une instruction qui apprend aux jurés de quelle manière ils doivent former leur conviction. Il résulte de cette instruction que le jury ne doit écouter que sa conscience; que sa conviction doit se former de l'ensemble des débats; qu'il n'est point tenu de s'en rapporter à un genre de preuve plutôt qu'à un autre.

Les preuves de culpabilité peuvent être positives ou ne reposer que sur des indices. Les premières sont décisives lorsque les actes des témoignages dont elles émanent méritent toute confiance; quant aux secondes, les jurés ne doivent les admettre qu'avec une extrême circonspection. Pour que les indices soient de nature à faire condamner l'accusé, il faut qu'ils excluent la possibilité de l'innocence.

Toute communication avec les jurés est interdite pendant leur délibération, et ils ne peuvent sortir de leur chambre qu'après avoir formé leur délibération.

Le chef du jury lira successivement chacune des questions posées; et le vote aura lieu ensuite au scrutin secret, tant sur le fait principal et les circonstances aggravantes que sur l'existence des circonstances atténuantes (art. 345). La loi du 13 mai 1836 règle le mode du vote du jury au scrutin secret. Nous croyons inutile d'en énumérer ici les dispositions de détails. La décision du jury se formera pour ou contre l'accusé, à la majorité, à peine de nullité. En cas d'égalité de voix, l'avis favorable à l'accusé prévaudra. Le nombre de voix qui constituera la majorité ne sera point exprimé, (art. 347). Les jurés rentreront ensuite dans l'auditoire et reprendront leur place. Le président leur demandera quel est le résultat de leur délibération, le chef du jury se lèvera, et la main placée sur son cœur, il dira : Sur mon honneur et ma conscience, devant Dieu et devant les hommes, la déclaration du jury est : oui, l'accusé, etc. ; non, l'accusé, etc. (art. 348).

On a demandé si lorsque cette déclaration a été faite par le chef du jury, et signée par lui ainsi que par le président et le greffier, comme le veut l'art. 349, un juré pouvait être admis à venir dire qu'il a changé d'opinion et réclamer un nouveau scrutin? la négative sur cette question n'est pas douteuse. Mais on résoudrait peut-être moins facilement celle de savoir si lorsqu'après la déclaration du chef du jury, des jurés affirment qu'il s'est trompé sur le résultat du scrutin et demandent à être renvoyés dans la chambre des délibérations, on doit obtempérer à cette manifestation ? Pourtant il est admis que cette demande serait vaine, et qu'une fois que la déclaration du chef du jury a été faite à l'audience, il n'y a plus à revenir sur ce qu'elle contient.

La déclaration du jury n'est sujette à aucun recours (art. 35o). Cependant, lorsqu'il y a un recours contre l'arrêt définitif, on peut contester la validité de la déclaration du jury. Ce que le Code d'instruction criminelle proscrit, c'est un recours direct contre la déclaration intrinsèque du jury. L'article 35o du Code d'instruction criminelle, dit M. Carnot, doit être entendu dans ce sens que le jury a le droit exclusif de prononcer sur les points de fait et de moralité; mais que leur appréciation appartient tout entière à la cour d'assises, qui a dans ses attributions d'examiner si le fait déclaré à la charge de l'accusé, constitue ou ne constitue pas un délit punissable, et quelle est la peine, au cas de l'affirmative, qui doit être appliquée à son auteur.

L'examen et les débats une fois entamés, devront être continués sans interruption et sans aucune espèce de communication au-dehors, jusqu'après la déclaration du jury inclusivement. Le président ne pourra les suspendre que pendant les intervalles nécessaires pour le repos des juges, des jurés, des témoins et des accusés (art. 353).

CODE DE COMMERCE.

CONTESTATIONS ENTRE ASSOCIÉS, ET DE LA MANIÈRE DE LES DÉCIDER.

(ART. 51-64.)

Toute contestation entre associés et pour raison de société est jugée par des arbitres (art. 51, C. de comm.). Il ne s'agit point ici de l'arbitrage volontaire dont le Code de procédure donne les règles, mais d'une juridiction forcée que les parties n'ont pas le droit de décliner, même lorsqu'elles en seraient d'accord.

Nous examinerons successivement les points suivants : nomination des arbitres ; nature de leurs pouvoirs et de leurs obligations ; procédure des affaires soumises à leur juridiction ; force de leurs décisions.

NOMINATION DES ARBITRES. Elle se fait, dit l'article 53 du Code de commerce, par acte sous signature privée, par acte notarié, par acte extrajudiciaire, par un consentement donné en justice.

Les arbitres étant élevés à la qualité de juges publics doivent être français. Les femmes, les mineurs, les interdits, les morts civilement ne peuvent être arbitres ; ceux à qui des jugements ou arrêts ont enlevé, par forme de peine, l'exercice des droits civils, ne peuvent également être nommés à ces fonctions. Il n'est point interdit à des juges, dit M. Pardessus, d'accepter individuellement les fonctions d'arbitres ; mais des parties plaidant devant un tribunal ne pourraient leur conférer le droit de les juger arbitralement.

En cas de refus de l'un ou de plusieurs associés de nommer des arbitres, les arbitres sont nommés d'office par le tribunal de commerce (art. 53, C. de comm.). L'accusé qui demande une nomination d'arbitres, doit signifier à ses co-associés les noms de ceux qu'il a choisis, en les sommant de faire leurs choix et de les lui notifier dans un délai qu'il indique,

Quand les associés sont nombreux , il peut s'élever des difficultés sur le point de savoir si deux ou plusieurs associés ont le même intérêt , et ne doivent par suite être représentés que par un seul arbitre. Si les accusés ne peuvent s'entendre, le tribunal de commerce prononce ; mais une fois le tribunal arbitral composé, sans que cette difficulté ait été soulevée, elle ne peut plus l'être désormais.

Chaque partie peut révoquer ses arbitres tant qu'ils n'ont pas été admis par toutes. Mais, dans aucun cas , il ne peut y avoir récusation de tous les arbitres par les associés pour porter l'affaire devant le tribunal de commerce.

Les arbitres, en cas de partage, peuvent nommer un tiers-arbitre, sans consulter les parties ; cependant, si les associés, connaissant le partage, nommaient un tiers-arbitre avant que les juges aient fait un choix, ceux-ci seraient obligés d'y déférer.

POUVOIRS ET OBLIGATIONS DES ARBITRES. Comme nous l'avons dit plus haut, les arbitres sont appelés à juger les contestations entre associés, pour raison de société. Ils remplacent le tribunal de commerce dont l'incompétence ne serait point couverte par la comparution et la défense au fond, si bien qu'un jugement rendu par le tribunal de commerce , sur le rapport des arbitres nommés, serait nul. Les arbitres doivent juger. Mais il faut bien déterminer les matières qui sont de leur juridiction. Ils ne peuvent prononcer que sur des contestations sociales. Ils ne le pourraient point sur le fait d'existence d'une société non avouée ; il faut en conclure, dit M. Pardessus, que lorsque la société est dissoute, et que des contestations s'élèvent pour l'exécution des arrangements ou règlements faits en opérant cette dissolution , ce n'est plus le cas de les soumettre à des arbitres. A la vérité , s'il s'agissait de réclamations ou de redressements de comptes faits et jugés par les arbitres qui avaient réglé la liquidation sociale, il faudrait faire juger de même par les arbitres ces réclamations ou redressements ; mais ce serait parce que toute demande en redressement de compte doit être portée devant les juges qui ont fait le compte.

Les arbitres nommés d'office et ceux choisis par les parties ont les mêmes pouvoirs, de telle sorte que s'il y a eu convention de ne point appeler du jugement arbitral, ou que les arbitres décideraient comme amiables compositeurs, rien n'est changé à ces dispositions.

La récusation interdite en matière d'arbitrage volontaire , pour motifs autres que ceux postérieurs à la nomination , est au contraire permise en matière d'arbitrage forcé.

Les arbitres ne peuvent se désister si leurs opérations sont commencées (art. 1,014, C. de procéd.).

PROCÉDURES. Les parties remettent leurs pièces et mémoires , sans aucune formalité de justice (art. 56, C de comm.). L'associé en demeure de remettre les pièces et mémoires est sommé de le faire dans les dix jours (57). Les arbitres peuvent, suivant l'exigence des cas, prolonger le délai pour la production des pièces (58). S'il n'y a renouvellement de délai, ou si le nouveau délai est expiré , les arbitres jugent sur les seules pièces et mémoires remis (59).

Dans l'arbitrage volontaire, les parties doivent indiquer l'objet en litige , cette précaution n'est pas nécessaire en matière de contestations pour raison de société. Les conclusions des parties servent à fixer le point de la contestation, comme devant un tribunal ordinaire.

Le délai pour le jugement est fixé par les parties, lors de la nomination des arbitres ; et, s'ils ne sont pas d'accord sur ce délai, il sera réglé par les juges (art. 54, C. de comm.). Lorsque ce délai est expiré, les parties, lors même qu'elles n'étaient point d'accord d'une prolongation, ne peuvent pas porter la cause devant le tribunal de commerce. La conséquence qui peut résulter de l'expiration du délai, est comme prorogation, ou la nomination de nouveaux arbitres.

Deux principes importants sont à constater ici : 1° Lorsque le délai pour le jugement est expiré les parties ou l'une d'elles ont le droit de revenir sur la convention qui aurait dispensé les arbitres des formes prescrites, ou qui les aurait autorisés à juger en dernier ressort ; 2° le jugement rendu par les arbitres après l'expiration du délai, et sans qu'il y ait eu prorogation, serait complètement nul. Il faut remarquer toutefois qu'il y aurait une sorte de prorogation tacite, si depuis l'expiration les parties avaient comparu devant les arbitres.

D'après ce qui précède , si le délai dans lequel un tiers-arbitre doit statuer était expiré sans qu'il eût donné sa décision, une des parties pourrait provoquer un autre choix.

En général, toutes les règles de procédure tracées en matière d'arbitrage volontaire, par le Code de procédure, sont applicables à l'arbitrage forcé.

FORCE DES DÉCISIONS ARBITRALES. Les arbitres jugent ; c'est dire quelle est la nature de leurs décisions. Ce sont des jugements qui sont transcrits sur les registres du tribunal de commerce, et auxquels une ordonnance du président du tribunal de commerce donne la force exécutoire. Pour obtenir l'ordonnance d'exécution, la minute du jugement doit être déposée dans les trois jours, par l'un des arbitres,, au greffe du tribunal. La connaissance de l'exécution du jugement appartient au tribunal qui a rendu l'ordonnance (art. 1020 et 1021, C. de procéd.).

Les arbitres forcés peuvent prononcer la contrainte par corps, parce qu'ils sont substitués par la volonté de la loi, et non par une simple convention, aux juges qui auraient le droit de prononcer cette contrainte (Pardessus).

Les arbitres ayant la même juridiction que le tribunal de commerce ne peuvent juger sans appel que dans les mêmes cas où le tribunal aurait pu juger de cette manière.

L'appel lorsqu'il y a lieu est porté devant la cour royale dans l'arrondissement de laquelle est situé le tribunal de commerce qui a, ou qui aurait connu de la formation de l'arbitrage. Il n'y a pas lieu, comme en arbitrage volontaire, de former une demande principale en nullité de l'acte qualifié jugement arbitral. Il faut avoir recours à l'appel. Si les arbitres avaient prononcé comme amiables compositeurs, une action en nullité pour excès de pouvoir ou autre cause de requête civile pourrait être portée devant le tribunal de commerce (art. 1023, 1028, 1019, C. de procéd., Pardessus).

Quand des mineurs ou autres incapables de compromettre se trouvent aux droits des associés primitifs, la renonciation à l'appel ne peut être faite.

Vu : Grenoble, 29 octobre 1843 ,

Le Président de la Thèse ,

FRÉD. TAULIER.

Examinateurs : MM. TAULIER , *Président de la Thèse.*
BOLLAND ,
GUEYMARD , } *Professeurs.*
GIRERD , *Suppléant.*

Vu : *Le Doyen de la Faculté* ,

AUG. GAUTIER.